BEI GRIN MACHT SICH IHR WISSEN BEZAHLT

- Wir veröffentlichen Ihre Hausarbeit,
  Bachelor- und Masterarbeit

- Ihr eigenes eBook und Buch -
  weltweit in allen wichtigen Shops

- Verdienen Sie an jedem Verkauf

Jetzt bei www.GRIN.com hochladen
und kostenlos publizieren

Trainingsplan für bessere Beweglichkeit eines Mannes (45 Jahre)

GRIN ☺

Bibliografische Information der Deutschen Nationalbibliothek:

Die Deutsche Nationalbibliothek verzeichnet diese Publikation in der Deutschen Nationalbibliografie; detaillierte bibliografische Daten sind im Internet über http://dnb.d-nb.de abrufbar.

ISBN: 9783346335326
Dieses Buch ist auch als E-Book erhältlich.

Druck und Bindung: Books on Demand GmbH, Norderstedt Germany
Gedruckt auf säurefreiem Papier aus verantwortungsvollen Quellen

Das vorliegende Werk wurde sorgfältig erarbeitet. Dennoch übernehmen Autoren und Verlag für die Richtigkeit von Angaben, Hinweisen, Links und Ratschlägen sowie eventuelle Druckfehler keine Haftung.

Das Buch bei GRIN: https://www.grin.com/document/979762

Deutsche Hochschule für

Prävention und Gesundheitsmanagement

Einsendeaufgabe

Fachmodul:	Trainingslehre III
Studiengang:	BFT
Datum Präsenzphase:	01.07.-03.07.2019
Studienort:	**München**
Semester:	**WS17**

Inhaltsverzeichnis

1 Personendaten

Tab. 1: Allgemeine Daten

Trainingsperson	Herr A.
Alter	45 Jahre
Geschlecht	Männlich
Körpergröße	181cm
Körpergewicht	88kg
Trainingsmotiv 1	Steigerung der Beweglichkeit des M. iliopsoas, sowie des M. rectus femoris und der Mm. ischiocrurales: Bewertung durch Re-Test nach 8 Wochen der Trainingsdurchführung
Trainingsmotiv 2	Schmerzlinderung in der HWS durch Lockerung des oberen Rückens. Bewertung erfolgt subjektiv auf einer Schmerzskala von 1-10 nach 8 Wochen der Trainingsdurchführung. Der Klient startet bei einer 8 von 10 auf der Schmerzskala.
Berufliche Tätigkeit	Berufskraftfahrer: 80% sitzen
Aktuelle u. frühere sportl. Aktivität	Früher: keine sportliche Aktivität Aktuell: Hobbymäßig Fußball 2x pro Woche 90min.
Zeitlicher Verfügungsrahmen	2x pro Woche ca. 60 Min.
Subjektive Beschwerden	- Dauerhafte Verspannungen im Nackenbereich - Eingeschränkte Bewegung beim Bücken
Gesundheitliche Einschränkungen	Keine
Medikamenten Einnahme	Keine

Aufgrund der oben erhobenen Daten ist Herr A. durch seine fehlende Erfahrung im Fitness- und Gesundheitsbereich als Trainingsanfänger einzustufen.

Der Klient ist umfassend und bedenkenlos trainierbar, da keine orthopädischen oder internistischen Einschränkungen vorliegen. Eine Rücksprache mit dem Arzt ist nicht erforderlich.

2 Beweglichkeitstestung

Die manuelle Beweglichkeitstestung für den Probanden erfolgt nach Janda (2000, S.270) und bildet die Basis zur Überprüfung des Erfolgs bei Trainingsmotiv 1 des Trainierenden. Außerdem basiert auf den Ergebnissen die weitere Trainingsplanung.

Tab.2: manueller Beweglichkeitstest nach Janda

Muskel	Durchführung	Bewertungsnorm	Ergebnis
M. pectoralis major	**Ausgangsposition**: Der Proband nimmt eine Rückenlage auf der Behandlungsliege ein. Die Knie sind angewinkelt und die Fußsohle steht flach auf der Liege. **Ausführung**: Der Thorax wird nun durch leichten Druck des Trainers in diagonaler Richtung von der zu testenden Seite wegfixiert. Der zu testende Arm ist im Schultergelenk abduziert und außenrotiert, sowie im Ellenbogengelenk in einem 90 Grad Winkel gebeugt. **Messbereich**: Position des Oberarms zur Horizontalen. **Anweisung**: Becken und LWS fixieren.	**Stufe 0:** Keine Beweglichkeitsdefizite, der Oberarm erreicht die horizontale Stellung ohne Druck des Testers. **Stufe 1:** Leichte Beweglichkeitsdefizite, Oberarm erreicht die Horizontale durch leichten Druck des Testers **Stufe 2:** Deutliche Bewegungsdefizite, Oberarm erreicht Horizontale auch durch Druck des Testers nicht	Rechte Seite: 1 Linke Seite: 1
M. iliopsoas	Ausgangslage: Der Kunde nimmt eine Rückenlage auf der Therapieliege ein. Die Beine hängen über die Liege hinaus, das Becken liegt auf dem Rand auf. Ausführung: Der Proband zieht nun ein Knie Maximal zum Körper heran. Das andere Bein bleibt im Überhang. Die Hüftflexion des freien Beines wird vom Tester überprüft. Messbereich: Position des Oberschenkels im Verhältnis zur Körper Längsachse. Anweisung: Becken und LWS fixieren.	Stufe 0: Keine Beweglichkeitseinschränkung: Oberschenkel erreicht Horizontale ohne Druck des Testers Stufe 1: Leichte Beweglichkeitseinschränkungen: Oberschenkel erreicht horizontale durch Druck des Testers Stufe 2: Deutliche Bewegungsdefizite: Oberschenkel erreicht Horizontale auch durch Druck des Testers nicht	Rechte Seite: 2 Linke Seite: 2

6/20

Muskel	Durchführung	Bewertungsnorm	Bewertung
M. rectus femoris	Ausgangslage: Der Proband nimmt eine Rückenlage auf der Behandlungsliege ein. Die Beine sind im Überhang, das Gesäß liegt auf dem Rand auf. Ausführung: Nun wird ein Angewinkeltes Bein maximal zum Körper gezogen. Der Tester fixiert das andere Bein im maximal möglichen Hüftextensionswinkel. Anschließend wird dieses Bein mit Hilfe des Testers in einen maximal möglichen Kniebeugewinkel geführt. Messbereich: Becken und LWS müssen fixiert bleiben. Die Auflagefläche sollte die Beugung des Kniegelenks nicht behindern.	Stufe 0: keine Beweglichkeitseinschränkung, Unterschenkel hängt senkrecht ab. Stufe 1: leichte Bewegungseinschränkung; der Unterschenkel erreicht 90° im Kniegelenk durch Druck des Testers. Stufe 2: Deutliche Beweglichkeitsdefizite; Unterschenkel erreicht 90° im Kniegelenk auch durch Druck des Testers nicht.	Rechts: 1 Links: 0
Mm. ischiocrurales	Ausgangslage: Der Proband nimmt eine Rückenlage auf der Behandlungsliege ein. Das zu testende Bein wird vom Tester bei gestrecktem Kniegelenk in die maximal mögliche Hüftflexion geführt. Das andere Bein bleibt im Hüft- sowie Kniegelenk gebeugt. Messbereich: Der Winkel zwischen Bein und Longitudinalachse. Anweisung: Becken und LWS fixieren, Das Gegenbein bleibt in der Ausgangsposition.	Stufe 0: Keine Bewegungseinschränkung; Hüftflexion im Ausmaß von 90° möglich. Stufe 1: leichte Beweglichkeitseinschränkungen; Hüftflexion im Ausmaß zwischen 80-90° möglich. Stufe 2: Deutliche Beweglichkeitseinschränkungen; Hüftflexion nur unter 80° möglich.	Rechts: 1 Links: 1

Muskel	Durchführung	Bewertungsnorm	Bewertung
Mm. triceps surae	**Ausgangslage:** Der Proband nimmt eine Rückenlage auf der Behandlungsliege ein. Das zu testende Ben ist gestreckt, während das andere gebeugt mit dem Fuß auf der Liege steht. Die distale Hälfte des Unterschenkels ragt über das Ende der Auflage hinaus. **Ausführung:** Der Tester greift mit seiner Hand das Bein distal am Fersenbein. Mit der anderen Hand wird die Fußaußenkante ergriffen. Nun zieht der Tester die Ferse distalwärts durch einen Hauptzug. Der Daumen der anderen Hand lenkt den Vorfuß mit leichtem achsengerechtem Druck zum Schienbein hin. **Messbereich:** Maximale Dorsalextension **Anweisung:** Der Druck der Daumen erfolgt am äußeren Fußrand.	Stufe 0: keine Beweglichkeitsdefizite, Dorsalextension bis 0° möglich Stufe 1: leichte Beweglichkeitsdefizite, Dorsalextension möglich aber 0° werden nicht ganz erreicht. Stufe 2: Deutliche Defizite in der Beweglichkeit, Dorsalextension nur bis zu 10° unter der 0° Stellung möglich	Rechts: 0 Links: 0

Der Beweglichkeitstest belegt, dass der Kunde vor allem im Bereich der Mm. ischiocrurales, des M. iliopsoas und des M. rectus femoris deutliche Bewegungsdefizite aufweist und somit seine subjektive Wahrnehmung einer entsprechenden Unbeweglichkeit bestätigt. Außerdem zeigt der Test, dass eine einseitige Beweglichkeitseinschränkung im Bereich des M. rectus femoris vorliegt und diese auch später in der Trainingsplanung in Betracht gezogen werden muss. Neben der Beweglichkeitssteigerung der oben beschriebenen Muskelpartien, wünscht sich der Kunde eine Schmerzlinderung im Bereich der Halswirbelsäule durch die Lockerung der dort vorhandenen Muskeln. Deswegen sind auch die Dehnung und Lockerung dieses Bereich ein Schwerpunkt des Kunden.

Abschließend wird für die spätere Trainingsplanung festgelegt, das vor allem auf die Schwachstellen eingegangen wird, die restlichen Muskelgruppen allerdings nicht vernachlässigt werden.

3 Trainingsplanung Beweglichkeitstraining

3.1 Belastungsgefüge

Tab.3: Belastungsgefüge

Trainingseinheiten pro Woche	2mal pro Woche
Sätze pro Übung	3
Dehndauer	Statisch: ca. 60 Sekunden Dynamisch: ca. 60 Sekunden, auf langsame und saubere Ausführung ist zu achten
Intensität	Weiches Dehnen -> das Dehngefühl sollte in der zu dehnenden Muskulatur gut zu spüren sein

Die Anzahl an Trainingseinheiten orientiert sich an dem Verfügungsrahmen des Kunden, welcher angegeben hat, dass er zweimal pro Woche trainieren möchte, um seine Beweglichkeit zu verbessern und seine Schmerzen zu lindern.

Außerdem stellten Rancour, Holmes & Cipriani (2009) fest, dass zwei bis drei Dehntrainingseinheiten pro Woche als Minimalprogramm bei Trainingsanfängern zur Verbesserung der Beweglichkeit ausreichen. Auch die Dehndauer von ca. 45 Sekunden pro Übung orientiert sich an dem von Rancour, Holmes & Cipriani (2009) festgelegten Minimalprogramm. Bei der Intensität verfolgen wir den Ansatz von Marshall (1999), welcher festgestellt hat, dass sowohl ein weiches als auch ein maximales Dehnen zur Verbesserung der Bewegungsweite beiträgt.

Aufgrund der Einordnung unseres Kunden als Trainingsanfänger wird auf ein maximales Dehnen verzichtet und die Variante des weichen Dehnens gewählt.

3.2 Trainingsplanung Dehntraining

Tab.4: Dehnübungen mit Zielmuskulatur und Dehnmethode

Nr.	Dehnübung mit Zielmuskulatur	Dehnmethode
1	Dehnung der Mm. ischiocrurales im stehen	Passiv-dynamisch
2	Dehnung der Mm. ischiocrurales im liegen	postisometrisch
3	Dehnung M. quadriceps femoris im stehen	Passiv-statisch
4	Dehnung des M. iliopsoas und M. rectus femoris auf den Knien	Passiv-statisch
5	Dehnung des M. iliopsoas und M. rectus femoris im Ausfallschritt mit abgelegtem Knie	Passiv-dynamisch
6	Dehnung des M. trapezius pars transversa im stehen	Passiv-statisch
7	Dehnung des M. trapezius im stehen	Aktiv-statisch
8	Dehnung des M. pectoralis major	Aktiv-dynamisch
9	Dehnung des M. erector spinae im Kniestand	Aktiv-statisch
10	Dehnung des M. obliquus externus sowie internus abdominis	Passiv-statisch

3.2.1 Dehnung der Mm. ischiocrurales im stehen

Die Ausgangsposition ist der Stand, in dem die Arme vor der Brust verschränkt sind. Nun werden die Beine leicht gebeugt und das Gesäß leicht nach hinten unten abgesenkt. Die Beine werden in eine Schrittstellung versetzt und gestreckt, wobei das hintere Bein gestreckt bleibt. Die Dehnposition wird eingenommen in dem der Oberkörper leicht nach vorne geneigt wird und das Becken nach hinten kippt. Die Wirbelsäule bleibt fest und aufgerichtet. Nun wird das Becken im Wechsel aufgerichtet und wieder langsam abgesenkt, um wieder in die Dehnung zu kommen. Dabei ist darauf zu achten, dass die Wirbelsäule gerade bleibt.

Die Dehnposition wird verlassen, wenn man den Oberkörper aufrichtet und das vordere Bein auf die Höhe des hinteren Beines versetzt. Die Übung dient dazu, das Bewegungsdefizit von unserem Kunden in der Mm. ischiocrurales zu reduzieren. Die dynamische Dehnung erfolgt über ca. 60 Sekunden und wird pro Seite drei Mal wiederholt.

3.2.2 Dehnung der Mm. ischiocrurales im liegen

Für die Ausführung dieser postisometrischen Dehnübung der Mm. ischiocrurales wird entweder ein Partner oder ein Widerstandsband benötigt.

In der Ausgangslage befindet sich der Kunde in Rückenlage, beide Beine liegen gestreckt am Boden. Für die folgenden Erläuterung wird davon ausgegangen, dass der Kunde mit einem Partner trainiert.

In dieser Position greift sich der Partner eines der Beine, während das andere gestreckt und flach auf dem Boden liegt. Das Bein wird am Fußgelenkt gegriffen und mit der anderen Hand über der Kniekehle stabilisiert. Nun bewegt der Partner das gestreckte Bein soweit wie möglich nach oben in die maximale Dehnung. In dieser Position wird das Bein nun für ca. 6-10 Sekunden gehalten bevor es für ca. 2-3 Sekunden entspannt wird. Als letzte Phase wird das Bein wieder in die maximale Dehnung gebracht und dort nochmals für 10-20 Sekunden statisch gehalten. Um die Dehnposition zu verlassen lässt der Partner das Bein langsam in Richtung Boden absinken.

Diese Übung dient dazu ebenso wie Übung 1 das Beweglichkeitsdefizit in der Ischiocrural Muskulatur von unserem Klienten zu reduzieren.

3.2.3   Dehnung des M. quadriceps im Stand

Der Kunde steht fest auf dem Boden und zieht nun mit einer Hand das gleichseitige, gebeugte Bein am Sprunggelenk mit der Ferse zum Gesäß. Dabei wird die Dehnposition durch das Kippen des Beckens nach vorne eingeleitet und die Ferse so weit wie möglich nach oben gezogen wird. Der Arm, welcher das Bein hält, liegt eng am Körper an und die Knie sind geschlossen. Außerdem ist darauf zu achten, dass die Oberschenkel parallel zu einander verlaufen.

Die Dehnung des M. quadriceps erfolgt zum Ausgleich der Dehnung des Mm. ischiocrurales.

3.2.4   Dehnung des M. iliopsoas und M. rectus femoris auf den Knien

Bei dieser Übung sitzt der Proband mit den Knien auf dem Boden und das Gesäß liegt auf seiner Ferse auf. Die Füße können entweder mit der Fußoberseite auf dem Boden flach abgelegt sein, oder aufgestellt so dass die Zehen im Boden verankert sind. Nun wird der Oberkörper langsam nach hinten überstreckt, so dass der Proband wieder eine gerade Linie zwischen Oberkörper und Oberschenkel erreicht. Die Arme können dabei zur Stabilisation seitlich neben den Füßen abgestellt sein. Der Kunde soll nur so weit nach hinten gehen, wie er den Dehnungsschmerz im M. rectus femoris aushält. Die Bewegung kann soweit gehen, dass der Kunde es schafft die Schulterblätter hinter den Füßen abzulegen. Die Dehnposition wird verlassen in dem der Kunde sich langsam mit seinen Händen hochdrückt und dadurch seinen Oberkörper aufrichtet.

Mit dieser Übung sollen die beiden Muskelgruppen die Bewegungsdefizite reduzieren, um im folgenden Re-Test eine klare Verbesserung aufzuweisen.

3.2.5   Dehnung des M. iliopsoas und M. rectus femoris im Ausfallschritt am Boden

Der Kunde befindet sich am Anfang der Übung im Kniestand. Der Kunde stellt ein Bein vor dem Körper auf den Boden, so dass das vordere Knie einen Winkel von 90° erreicht, der Fuß aber noch vor dem Knie steht. Das andere Bein liegt hinter dem Körper mit dem kompletten Unterschenkel flach auf dem Boden, während der Oberkörper aufrecht ist. Die Hände können auf dem vorderen Oberschenkel abgesetzt werden, um den Oberkörper abzustützen.

Um die Dehnposition einzunehmen wird der Schwerpunkt in Richtung vordere Ferse verlagert und das Becken wird abgesenkt. Nun werden der Schwerpunkt und das Becken in langsamen, dynamischen, kontrollierten Bewegungen nach hinten angehoben und wieder abgesenkt.

Diese Übung dient vor allem dazu die beiden genannten Zielmuskeln zu lockern und so über das regelmäßige ausführen der Übungen eine Verbesserung der Beweglichkeit herbeizuführen und sind damit positiv für den späteren Re-Test.

3.2.6   Dehnung des M. trapezius pars transversa im stehen

Der Kunde steht und greift mit einer Hand den leicht angewinkelten anderen Arm am Ellenbogengelenk und zieht diesen auf Schulterhöhe quer über die Brust. Die Hand des leicht angewinkelten Arms liegt auf der gegenüberliegenden Schulter auf. Die Dehnposition wird eingenommen in dem ein leichter seitlicher Druck auf den Ellenbogen ausgeübt wird und der angewinkelte Arm in Richtung Körper gedrückt wird.

Bei unserem Kunden liegt der Wunsch vor Rückenschmerzen im Schulterbereich, welche durch Verspannungen ausgelöst werden zu reduzieren.

3.2.7   Dehnung des M. trapezius im stehen

Auch bei dieser Übung steht unser Kunde fest auf dem Boden. Er nimmt nun beide Arme und streckt diese, um sie nun auf Höhe der Schulter übereinander zu überkreuzen und soweit wie möglich nach links bzw. rechts zu ziehen. Dabei bleibt das Kinn des Kunden auf der Brust des Trainierenden liegen, um dadurch den Nacken zu entlasten. Bei dieser Dehnübung handelt es sich um eine aktive Dehnung, da hierbei der M. pectoralis major die Arme vorne über kreuz zieht und dadurch aktiv arbeitet, um den M. trapezius zu dehnen. Auch bei dieser Übung soll vor allem die obere Rückenmuskulatur gelockert werden, um dem Trainingsmotiv der Schmerzreduzierung unseres Kunden nachzukommen.

3.2.8   Dehnung des M. pectoralis major im sitzen

Der Kunde sitzt im Schneidersitz mit aufgerichtetem Oberkörper auf dem Boden und hat beide Arme abduziert und auf Höhe der Schultern angehoben. Die Ellenbogengelenke sind in einem 90° Grad Winkel flexiert. Nun zieht der Kunde durch ein aktives anspannen des M. Trapezius seine Ellenbogen soweit es geht nach hinten zusammen bis er einen Dehnungsreiz im M. pectoralis major spürt. Diese Übung wird dynamisch ausgeführt in dem der Kunde die Ellenbogen immer langsam wieder lockert und dann wieder nach hinten zieht. Diese Übung dient in unserem Beispiel als Ausgleich für den Kunden, da dieser in seinem täglichen Arbeitsumfeld hauptsächlich sitzt und dadurch eine Bewegungseinschränkung im Schultergürtel aufweist.

3.2.9   Dehnung des M. erector spinae im Kniestand

Der Kunde befindet sich im Vierfüßlerstand. In dieser Position spannt der Kunde den M. rectus abdominis aktiv an, um so die Wirbelsäule im physiologischen Rahmen nach oben zu wölben. Die Schulterblätter werden soweit es geht auseinander gezogen umso mehr Spannung in die Wirbelsäule zu bekommen. Diese Position wird nun für ca. 60 Sekunden statisch gehalten. Diese Übung dient zur Dehnung des M. erector spinae, sowie zur Mobilisation der Wirbelsäule, da wir den Kunden auch präventiv vor Problemen mit de Wirbelsäule schützen wollen ist diese Dehnung ein wichtiger Bestandteil seiner Routine. Außerdem dient diese Übung auch wieder als Ausgleichsübung zum sehr einseitigen Alltag des Kunden.

3.2.10   Dehnung des M. obliquus externus sowie internus abdominis

Der Kunde befindet sich in Rückenlage, wobei die Knie 90° angewinkelt sind und die Arme 90° vom Körper abgespreizt sind und am Boden liegen. Nun werden die Beine in der angewinkelten Haltung nacheinander zu einer Seite auf dem Boden abgelegt. Es gilt darauf zu achten, dass der Schultergürtel dabei permanent auf dem Boden aufliegt. Diese Position wird abwechselnd auf beiden Seiten gehalten.

Nachdem wir in der vorherigen Übung den M. erector spinae gedehnt haben dehnen wir nun auch einen seiner Gegenspieler, um auch hier ein Gleichgewicht zu halten und keine neuen Defizite aufkommen zu lassen.

4 Trainingsplanung Koordinationstraining

4.1 Belastungsgefüge Koordinationstraining

Tab. 5: Belastungsgefüge des Koordinationstrainings

Trainingshäufigkeit pro Woche	2
Sätze pro Übung	2
Satzpausen	Jeweils 45 Sekunden

4.2 Detaillierte Planung des Koordinationstrainings

Der Kunde kann das geplante Koordinationstraining vor seinen Dehneinheiten durchführen, womit sich die Empfehlung der Häufigkeit nach dem zeitlichen Verfügungsrahmen unserer Person richtet. Bei der Übungsauswahl wurde absichtlich darauf geachtet, den Kunden soweit wie möglich aus seinem Alltag herauszuholen, um seine Bewegungsökonomie und seine Bewegungsabläufe auch in den eher für ihn ungewohnten Bewegungsmustern zu verbessern und ihn so auch in einer nicht sitzenden Position stabiler zu machen. Außerdem wurde darauf geachtet den gesamten Körper des Kunden in das Koordinationstraining einzubinden, um somit eine gesamtheitlich bessere Koordination zu erreichen.

Tab. 6: Übungen und Ausführung des Koordinationstrainings

Nr.	Übung	Ausführung
1	Laufen auf einer Holzplanke offene/geschlossen Augen	4x eine Strecke von 10m
2	Einbeinstand	30 Sekunden halten pro Sekunde
3	Einbeinstand mit dynamischen Crunch	30 Sekunden pro Seite und Satz
4	Einbeinstand auf einem Balance Pad	30 Sekunden pro Seite und Satz
5	Einbeinstand auf Balance Pad und Ball fangen	30 Sekunden pro Seite und Satz
6	Stehen auf einem Therapiekreisel und Daumen folgen	1 Minute pro Satz
7	Ausfallschritt mit einem Bein auf dem Therapiekreisel	30 Sekunden halten in Endposition pro Seite
8	Kniebeuge auf einem Therapiekreisel	30 Sekunden pro Satz
9	Unterarmstütz auf Boden	1 Minute pro Satz
10	Standwaage	30s halten in der Endposition pro Seite

4.2.1 Laufen auf einer Linie

Der Kunde wird an ein Ende eines dünnen Holzbretts gestellt und soll dieses dann barfuß entlanglaufen, dabei dürfen die Arme zum balancieren auf Schulterhöhe angehoben werden. In dieser Haltung geht der Kunde das Brett nun viermal entlang. Ist das für den Kunden zu einfach, soll er die gleiche Aufgabe mit geschlossenen Augen erneut durchführen. Das schult den Gleichgewichtssinn des Kunden und sorgt dafür, dass er sich bei der Wahrnehmung nur auf seine Fußsohle verlässt.

4.2.2 Einbeinstand

Der Kunde startet im normalen Breitbeinigen Stand mit aufgerichtetem Oberkörper. Aus dieser Position hebt er nun ein Bein bis auf Hüfthöhe an, wobei er das Knie in einem 90° Winkel angewinkelt lässt. Der Oberkörper ist aufrecht und die Arme sind nach links und rechts auf Schulterhöhe ausgestreckt.

Diese Übung ermöglicht es dem Kunden das Gleichgewicht nur mit seinem Sprunggelenk zu halten und zwingt ihn dazu seinen gesamten Körper angespannt zu lassen. Das wiederum schult die Intermuskuläre Koordination im gesamten Körper.

4.2.3 Einbeinstand mit dynamischen Crunch

Der Kunde nimmt die gleiche Startposition ein wie bei Übung 2 nur, dass er dieses Mal die Ellenbogen vor der Brust zusammennimmt und sie zum angehobenen Knie dynamisch durch ein einrollen des Oberkörpers zieht. Diese Erweiterung bringt Unruhe in den in der vorherigen Übung erlernten Ablauf und zwingt den Kunden sich an die neuen Begebenheiten anzupassen.

4.2.4 Einbeinstand auf einem Balance Pad

Eine weitere Steigerung von Übung Nummer zwei, anstatt das der Kunde auf einem festen Untergrund steht, wird er nun auf ein Balance Pad gestellt um auch hier die Gleichgewichtsrezeptoren zu schulen sich an die neuen Gegebenheiten anzupassen, wenn unser Kunde sich zum Beispiel auf unebenen Untergrund bewegt.

4.2.5 Einbeinstand auf Balance Pad und Ball fangen

Als letzte Steigerung wird jetzt noch die Hand-Augen Koordination sowie die Koordination im Rumpf gestärkt, in dem zu dem wackeligen Untergrund und dem Einbeinstand nun noch ein leichter Medizinballmit maximal 2kg Gewicht hinzukommt, welcher der Trainer frontal dem Kunden zuwirft. Dieser muss probieren den Ball sicher zu fangen und nicht aus dem Gleichgewicht zu kommen.

4.2.6 Stehen auf einem Therapiekreisel

Der Kunde stellt sich schulterbreit mit beiden Füßen auf einen Therapiekreisel und probiert ohne Hilfe von außen zu stehen und das Gleichgewicht zu halten. Der Trainer steht vor ihm und geht mit seinem Daumen langsam von links nach rechts sowie von oben nach unten, während der Kunde versucht dem Daumen des Trainers zu folgen und dennoch auf dem Kreisel sicher zu stehen. Es bleibt darauf zu achten, dass der Kunde eine Spannung vor allem im Rumpfbereich hat und eine aufrechte Haltung zeigt.

4.2.7 Ausfallschritt mit einem Bein auf dem Therapiekreisel

Der Kunde lässt ein Bein in der Mitte des Therapiekreisels und das andere weit nach hinten in einen Ausfallschritt gestellt. Es ist darauf zu achten, dass das vordere Knie in einer Linie mit dem Sprunggelenk ist und das hintere Bein sich wie ein Aufzug von oben nach unten bewegt. Der Oberkörper bleibt während der gesamten Ausführung aufrecht. Die Arme sind seitlich eng am Körper angelegt und im Ellenbogen in einem 90° Winkel angewinkelt. Nun wird das hintere Knie langsam Richtung Boden abgesenkt bis es knapp über dem Boden ist. Hier wird es nun statisch gehalten. Diese Übung wird auf beiden Seiten wiederholt.

4.2.8 Kniebeuge auf einem Therapiekreisel

Die Kniebeuge stellt die Steigerung des Ausfallschrittes dar, da hier beide Beine auf der unsicheren Oberfläche stehen und es somit keinen wirklichen sicheren Punkt für die Füße gibt. Der Kunde nimmt die gleiche Ausgangsposition ein wie bei Übung Nummer sechs. Um die Kniebeuge zu beginnen kippt der Trainierende das Becken nach hinten und sinkt so das Gesäß in Richtung Ferse ab. Der Oberkörper bleibt auch bei dieser Übung aufrecht und das Brustbein ist nach oben rausgedrückt. Die Hände werden vorne zusammengenommen und dienen dem Gleichgewicht. Die Bewegung wird dynamisch ausgeführt, so dass der Trainierende eine Kniebeuge an die andere reiht.

4.2.9 Unterarmstütz auf Boden

Der Kunde liegt in der Ausgangslage mit beiden Unterarmen flach auf dem Boden, die Zehenspitzen stehen auf dem Boden auf. Um die Übung zu beginnen drückt der Trainierende nun sein Gesäß nach oben, bis sein gesamter Körper eine Linie vom Kopf bis zur Ferse ergibt. Es gilt dabei zu beachten, dass der Kunde die Schultern über den Ellenbogen hat und den Kopf als Verlängerung der Wirbelsäule gerade hält. Wichtig ist bei dieser Übung die Rumpfspannung damit der gesamte Körper schön gerade wie ein „Brett" ist. Diese Position wird für eine Minute pro Satz gehalten.

Der Trainierende schafft es dadurch seinen Rumpf besser in seine alltäglichen Bewegungen zu integrieren und so seine Wirbelsäule zu entlasten.

4.2.10   Standwaage

Diese Übung beginnt der Kunde im aufrechten Stand. Beide Beine stehen nebeneinander, die Arme sind nach vorne vom Körper weggestreckt und angespannt. Nun beugt sich der Kunde mit dem geradem, stabilem Oberkörper nach vorne und streckt die Arme so weit es geht über Kopf nach vorne während gleichzeitig hinten ein Bein gestreckt angehoben wird bis der gesamte Körper eine gerade Linie ergibt. Das Standbein ist im Knie leicht angewinkelt und steht fest auf dem Boden. Dieser Vorgang wird auf beiden Seiten wiederholt und in der Endposition für jeweils 30 Sekunden gehalten.

5   Literaturrecherche

Tab.7: Effekte des Dehnens im Hinblick auf eine Verletzungsprophylaxe

Studie	Effects of a Static stretching Program on the Incidence of Lower Extremity Musculotendinous Strains	Effects of ankle dorsiflexion range and preexercise calf muscle stretching on injury risk in army recruits
Erscheinungsjahr	1999	1998
Autoren	Kevin M. Cross und Ted W. Worrell	Rodney Pope, Rob Herbert, John Kirwan
Versuchsaufbau	195 Division III College Footballspieler wurden 1994 und 1995 über zwei Spielzeiten auf Verletzungen der unteren Extremitäten untersucht. In der Saison im Jahre 1995 wurde im Gegensatz zum Jahre 1994 ein jeweils 6-minütigen Dehntraining der Beine durchgeführt, um den Unterschied zu untersuchen.	1093 männliche Rekruten im Alter von 17-35 Jahren wurden während eines 11-wöchigen Trainings zufällig in eine Kotrollgruppe (544 Rekruten) und eine Dehngruppe (549 Rekruten) eingeteilt. Die Stretchinggruppe dehnte vor jeder Einheit die Wadenmuskulatur 2x 20 Sekunden aus, während die Kontrollgruppe die oberen Extremitäten dehnte. Beobachtet wurden 5 ausgewählte Verletzungsbilder.
Ergebnisse	1994 gab es 155 Verletzungen von denen 27,7% Muskelzerrungen der unteren Extremitäten waren. Im Jahre 1995 wurden dahingegen nur bei 13,7% der 153 festgestellten Verletzungen eine Zerrung der unteren Extremitäten diagnostiziert. Die Studie wies damit einen positiven Effekt eines Dehntrainings als Verletzungsprophylaxe auf.	Es wurden insgesamt 48 relevante Verletzungen festgestellt, wobei 25 davon in der Kontrollgruppe und 23 in der Stretchinggruppe auftraten. Es wurde kein nennenswerter Effekt zur Verletzungsprophylaxe durch Dehnen festgestellt.

6 Literaturverzeichnis

Cross, K.M. & Worell, T.W. (1999). Effects of a static stretching programm on the incidence of lower extremity musculotendinous strains. *Journal of Athletic Training, 34, 11-14.*

Marschall, F. (1999). Wie beeinflussen unterschiedliche Dehnintensitäten kurzfristig die Veränderung der Bewegungsreichweite? *Deutsche Zeitschrift für Sportmedizin, 50 (1), 5-9*

Janda, V. (2000). *Manuelle Muskelfunktionsdiagnostik* (4.Aufl.). München: Urban & Fischer.

Pope, R.P., Herbert, R.D. & Kirwan, J.D. (1998). Effects of ankle dorsiflexion range and preexercise calf muscle stretching on injury risk in army recruits. *Australian Journal of Physiotherapy, 44, 165-172.*

Rancour, J., Holmes, C.F. & Cipriani, D.J. (2009). The effects of intermittent stretching following a 4-week static stretching protocol: a randomized trial. *Journal of Strength and Conditioning Research, 23 (8), 22172222.*

7 Abbildungs- und Tabellenverzeichnis

7.1 Tabellenverzeichnis